AF440346

L'AVENIR

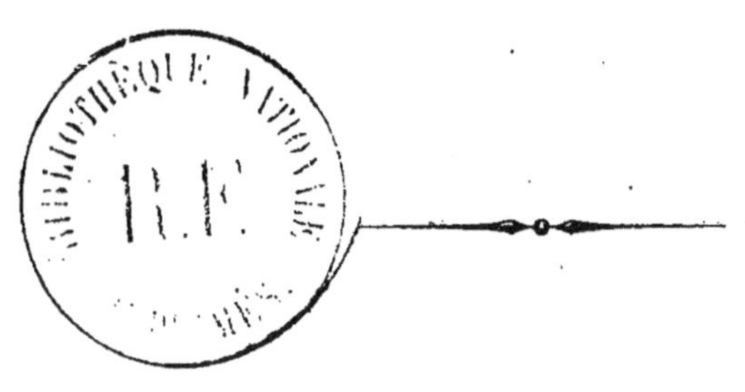

PARIS

SE TROUVE CHEZ L'AUTEUR, S. L.

7, RUE DE MARIVAUX.

—

1873

L'AVENIR

I

L'avenir de la France est dans la restauration de la royauté légitime.

Elle seule possède le principe d'autorité, sans lequel la société est incessamment ballottée entre le despotisme et l'anarchie.

Pour restaurer la royauté légitime, que faut-il? Deux choses : que cette royauté soit connue comme elle doit l'être, et que ses partisans mettent à la servir une activité égale à la loyauté de leurs convictions.

Non-seulement la masse de la nation ne connaît pas la royauté légitime ; mais elle s'en fait les idées les plus fausses, les plus contraires à la réalité.

Interrogez les masses, demandez-leur ce qu'elles pensent de la légitimité. Elles vous répondront que c'est le retour à l'ancien régime et à tous ses abus ; le rétablissement des priviléges de la noblesse et du clergé ; la suppression de la liberté, de l'égalité, de toutes les conquêtes de 89, de tous les progrès politiques et sociaux ; elles n'y voient qu'un étouffoir et des entraves.

Comment ne penseraient-elles pas ainsi ? Depuis le commencement du siècle, les journaux et les livres, les orateurs des Chambres aussi bien que ceux des cabarets ; tous les moyens de propagande dont dispose le faux libéralisme ne tendent qu'à pervertir, sur ce point, l'esprit public.

Ajoutez-y les imprudences de quelques membres de la noblesse et du clergé qui, par un zèle inconsidéré, fournissent des prétextes aux calomnies de leurs adversaires, et vous comprendrez combien il est difficile au bon sens national de ne pas se laisser abuser.

II

Quelle que soit la cause des erreurs du pays sur la royauté légitime, ces erreurs n'en existent pas moins. Tant qu'elles ne seront pas détruites, ce serait en vain que ses amis essayeraient de la rétablir en France.

Heureusement, pour éclairer les masses, pour substituer dans leur esprit la lumière aux ténèbres, la vérité au mensonge, les circonstances sont aujourd'hui plus favorables que jamais.

Grâce à l'instruction plus répandue dans les classes populaires, et, par suite des calamités de toute sorte dont la dernière révolution vient d'accabler notre malheureux pays, il n'est pas un ouvrier, pas un paysan qui ne puisse être amené à reconnaître que l'ancienne royauté, où se trouvaient réunies toutes les garanties d'ordre et de stabilité, serait de beaucoup préférable à ces gouvernements éphémères qui ne résistent pas au premier souffle de la tempête, et surtout à cette République qui, au lieu des immenses bienfaits qu'elle promet toujours, n'a su donner à la France que l'anarchie, la honte et la misère.

Montrez aux masses, l'histoire à la main, ce qu'a été la royauté légitime, ce qu'elle a fait pour la France et pour le peuple, et les masses lui rendront leur sympathie avec d'autant plus d'empressement qu'elles auront été plus indignement trompées.

III

Pendant ses huit siècles d'existence, qu'a été notre royauté légitime, et qu'a-t-elle fait?

Elle a été et n'a jamais cessé d'être le représentant des grands intérêts de la nation, le protecteur des faibles contre les forts, l'image vivante du droit et de la justice, à laquelle tous les opprimés en appelaient avec une confiance que traduisait admirablement cette exclamation populaire: « Ah! si le roi le savait! »

C'est qu'alors, aux yeux de la France, le roi était plus qu'un chef, qu'un souverain, qu'un père ; il était l'incarnation de la nation même, dont il résumait en lui toutes les classes et tous les intérêts. Aussi, quand Louis XIV prononçait cette fière parole : « L'État, c'est moi! » dans laquelle des écrivains superficiels n'ont vu qu'une explosion de son orgueil, le grand roi ne faisait-il qu'exprimer un fait incontestable.

En identifiant ainsi le roi avec la nation et la nation avec le roi, Louis XIV traçait admirablement le rôle de la royauté, tel que l'avaient compris ses ancêtres, tel que la nation le comprenait elle-même.

La royauté, c'était la France, et la France, la royauté. Ces deux choses étaient si bien confondues, que jamais le peuple français n'a voulu que ses rois eussent quelque chose en propre, pas même leur famille, pas même leurs enfants. Aussitôt qu'un prince montait sur le trône, ses biens personnels étaient immédiatement réunis au domaine national, sa famille était absorbée dans la grande famille du pays, et ses enfants s'appelaient : *les enfants de France.*

C'est ainsi que nos pères entendaient l'ancienne monarchie ; c'est ainsi que l'entendent encore ceux qui lui sont restés fidèles.

Qu'en résulte-t-il ? Puisque le roi et la France ne font qu'un, il en résulte que les intérêts, le bonheur et la gloire du roi ne sont autres que la gloire, le bonheur et les intérêts de la France ; qu'en travaillant pour elle, c'est pour lui que le roi travaille, comme la France, en aimant le roi et en se dévouant à lui, ne fait que s'aimer elle-même et se dévouer à sa propre cause.

IV

Mais qu'on ne s'y trompe pas ! cette identification complète, cette fusion absolue entre le souverain et la France, n'est possible qu'avec la royauté légitime ; parce qu'elle seule a contracté avec la France cette longue habitude d'une vie commune, d'une vie de famille, où les enfants et le père ont chacun sa place, ses fonctions, ses droits incontestés et incontestables.

Tous les gouvernements qui s'installent par suite d'une surprise, d'un coup de force, ou même d'une élection, ne sont que des accidents qu'un autre accident emporte. Quelles racines ont-ils dans la nation ? Peuvent-ils être comparés à cet arbre vigoureux de la vieille monarchie qui, depuis des siècles, plonge les siennes dans les entrailles du pays ?

Personne ne l'a mieux compris que Louis-Philippe en 1830. Un vrai roi se serait soumis à la loi fondamentale de la

monarchie, en se laissant absorber, lui et tout ce qu'il possé-
dait, dans la grande unité nationale. Il fit tout le contraire.
Quelques heures avant de monter sur le trône, il s'empressa
de frustrer la France de ses biens personnels et de les dis-
tribuer entre ses enfants. C'est pour cela, non moins que
pour son usurpation et le régicide de son père, que ses enfants
n'ont point été et ne seront jamais, comme ceux de nos rois,
des enfants de France.

Ni son élection par 221 députés, ni les acclamations de la
bourgeoisie révolutionnaire, ni même ses liens de parenté
avec la véritable famille royale n'ont pu le rassurer sur la légitimité et la durée de son pouvoir.

Ses partisans avaient beau lui dire que le sang qui coulait
dans ses veines le rendait *quasi-légitime;* lui, savait bien, au
contraire, que ce sang ne servait qu'à rendre son usurpation
plus criminelle, et ajoutait à toutes les causes d'affaiblissement
de sa pseudo-dynastie un vice d'origine qui la rongeait dans
le présent et la rendait impossible dans l'avenir.

Si, au lieu de s'emparer du trône au détriment de l'enfant
qui, seul, y avait droit, le roi des barricades se fût contenté
du titre de lieutenant général du royaume, que le vieux roi
tombé lui avait conféré, Louis-Philippe n'eût peut-être point
ceint la couronne de France, mais il l'aurait gardée intacte
pour ses descendants; tandis qu'aujourd'hui, quels titres ont-
ils pour la revendiquer?

Le crime de leur père et celui de leur aïeul ont séparé pour
jamais la branche des Orléans du tronc de la royauté légitime, comme la hache de la Convention, entre les mains de
Philippe-Égalité, avait séparé la tête du corps de l'infortuné
Louis XVI.

Désormais la solution de continuité entre les deux branches
de la maison de Bourbon est consommée. Il y a entre elles un

abîme infranchissable de sang. C'est donc avec raison que l'unique représentant de la royauté peut dire à ceux qui étaient ses parents : « Je ne vous connais plus. »

En effet, comment les connaîtrait-il encore après l'échafaud de Louis XVI, l'usurpation de 1830, et les souvenirs de la citadelle de Blaye?

Est-ce qu'il y aurait des familles que les plus épouvantables attentats ne pourraient dépouiller de leurs droits? Un privilége aussi monstrueux répugne au bon sens comme à la justice divine.

V.

Ce qu'il y a de vertu dans la royauté légitime n'a jamais été mis dans une lumière plus évidente que par la monarchie des Napoléons.

Si, après celle des Bourbons, il y eut une dynastie glorieuse et populaire, c'est incontestablement celle-là. Elle n'avait point, comme celle des d'Orléans, la souillure d'avoir assassiné déshonoré et dépouillé sa propre famille; les deux Napoléons s'étaient contentés de ramasser la couronne dans la boue révolutionnaire! Cependant, qu'a-t-il fallu pour la faire tomber de leur téte? les intrigues de quelques misérables ambitieux et l'invasion de l'ennemi qu'ils n'avaient pas su vaincre.

Mais la royauté légitime avait-elle disparu à Poitiers devant la défaite et la captivité du roi Jean? La folie de Charles VI et l'occupation anglaise ont-elles empéché son fils de régner? La royauté est-elle tombée à Pavie avec François Ier, et les calamités des dernières années du règne de Louis XIV avaient-elles pu seulement faire chanceler la couronne sur sa téte?

Aussi, combien était profondément vrai ce cri qui s'échappa du cœur de Napoléon Ier, après sa double chute : « Que n'étais-je mon petit-fils ! je me serais relevé du pied des Pyrénées ! »

VI.

Les races royales ne se fabriquent pas à la volonté des peuples ; c'est la gloire, ce sont de grands services rendus qui les fondent ; c'est le temps et une longue suite d'événements où la Providence a une large part qui les consacrent en donnant à leur autorité une sorte d'investiture divine.

Il n'est pas plus possible de créer une nouvelle race royale que de remplacer l'ancienne, tant qu'il lui reste un seul rejeton. Bien plus, ces races ne peuvent se transplanter : chacune d'elles a son sol où elle est née et où il faut qu'elle meure.

Voyez combien ont été vaines toutes les tentatives faites par les nations anciennes et modernes pour se donner des rois d'origine étrangère? Combien de ces rois ont péri à la tâche, et ce qu'il a fallu de sang et de ruines pour établir définitivement le petit nombre de ceux qui n'ont pas succombé ! Le Mexique, l'ancienne Pologne, la malheureuse Espagne n'en sont-elles pas de frappants exemples?

VII.

Il n'est pas plus facile de faire vivre en république les nations habituées à la monarchie que de remplacer une race royale par une autre.

Lorsque, pendant des siècles, un peuple a vécu sous un régime qui seul était approprié à ses goûts, à ses mœurs, à son caractère, comment espérer le faire changer instantanément du tout au tout? Autant vouloir changer la nature des choses.

En France, la République n'est pas seulement antipathique aux habitudes et aux sentiments du pays, elle a, de plus, contre elle de ne s'y être implantée momentanément qu'à la suite de révolutions dont elle a aggravé les malheurs; et quand on a vu à l'œuvre celle sous laquelle nous vivons encore, mais dont il ne reste que le nom, il faut avoir perdu le sens pour croire à sa durée.

VIII.

D'où vient que la royauté légitime a seule été jusqu'ici capable de s'identifier avec la France, et d'en représenter, à la fois, toutes les classes et tous les intérêts?

La raison en est simple. Ce n'est pas la France qui a fait la royauté légitime, c'est la royauté qui a fait la France.

En constituant la féodalité, les Carlovingiens avaient morcelé la nation ainsi que son territoire. Il y avait alors une Bourgogne, une Champagne, une Lorraine, une Provence, un Languedoc, une Guienne, une Bretagne, une Normandie, des Flandres, c'est-à-dire, vingt provinces distinctes, ayant chacune son suzerain indépendant; mais il n'y avait plus de France : la grande nation était réduite en poussière. Ce fut la tâche de la royauté capétienne de la reconstituer dans sa puissante unité.

La tâche était longue et difficile ! La royauté mit plusieurs siècles à l'accomplir; mais, enfin, à force d'habileté, d'esprit de suite et d'énergie, elle en vint à bout, et, dès le commencement du règne de Louis XV, qui nous rendit la Lorraine, la reconstitution de la France était complétement achevée.

Le pouvoir de Hugues Capet ne s'étendait guère au delà de l'Ile de France; celui de ses successeurs s'étendit successivement des Alpes à l'Océan, des Pyrénées au Rhin.

En même temps qu'ils reconstituaient la grande unité nationale, nos souverains poursuivaient, avec la même patience et la même résolution, l'émancipation des classes inférieures, en y répandant l'instruction, en favorisant de toute leur puissance les progrès de l'agriculture, de l'industrie, du commerce, des sciences et des arts.

IX.

Les grands feudataires de la couronne une fois brisés, restait la noblesse et le clergé, dont les priviléges de toute sorte pesaient lourdement sur le peuple. Nos rois ont constamment travaillé à les détruire pour les remplacer par des devoirs. L'abolition graduelle du droit de haute et basse justice, dont la noblesse abusait souvent, la création de parlements indépendants, auxquels pouvaient en appeler tous ceux qui avaient à se plaindre des tribunaux particuliers; les nombreuses ordonnances royales pour réformer la justice; toutes ces mesures sont autant de monuments qui attestent la sollicitude de nos anciens souverains pour l'émancipation du peuple.

Cette sollicitude s'est particulièrement manifestée par les encouragements qu'ils ont prodigués à l'industrie, au commerce, à la marine : Les noms des grands ministres Jacques Cœur, Sully, Colbert, Turgot, dont nos souverains se sont servi pour réaliser leurs vues généreuses, ne s'effaceront jamais des souvenirs du pays.

A qui la France devait-elle ses vastes et florissantes colonies dans l'Inde et le Nouveau-Monde, qui l'ont enrichie pendant des siècles, et qu'elle a perdues sous la première République; et cette puissante marine qui tint souvent tête à toutes les marines de l'Europe, si ce n'est aux monarques qui se sont succédé depuis les premiers Valois jusqu'à Louis XIV, jusqu'à Louis XVI ? Sans doute la nation a produit de hardis navigateurs, des hommes de mer intrépides ; mais qu'auraient pu faire les Jean de Vienne, les Bougainville, les Jean Bart, les Duquesne et les Suffren, si la protection et les récompenses de nos rois ne les eussent soutenus dans leurs périlleuses entreprises ?

Il en est de même dans les sciences, les lettres et les arts.

La puissance royale ne saurait créer le génie ; mais, à ces époques où les encouragements dépendaient de la royauté, que serait devenu le génie si la royauté l'eût laissé à ses seules forces ?

L'opinion publique ne s'y est pas trompée. Tout en admirant le talent des hommes qui se sont distingués par leurs découvertes dans les sciences et par la perfection de leurs œuvres dans la littérature et les arts, elle a cru devoir rattacher à l'un de nos rois chacune de ces grandes époques qui ont le plus illustré l'esprit humain. François Ier a partagé avec Léon X l'honneur de donner son nom au siècle de la Renaissance, et Louis XIV ne partage avec personne la gloire de nommer cet incomparable xviie siècle qui plaça la France à la tête des nations.

Il n'est pas jusqu'aux conquêtes du siècle suivant, dans tout ce qu'elles ont eu de légitime et de salutaire, que la royauté française ne puisse revendiquer ! Qu'auraient pu les philosophes, les Encyclopédistes et tous les savants de ce temps, si le souverain ou ceux qui l'entouraient ne les eussent défendus contre les préjugés et les passions qu'ils avaient soulevés contre eux ?

Et la grande Révolution de 89, dont nos libéraux sont si fiers, à qui la France en est-elle redevable ?

Il faut y distinguer deux phases : la première, éminemment nationale et juste, se résume dans la proclamation de l'égalité des droits et dans l'abolition des priviléges ; celle-là appartient principalement à la royauté qui y présida et la sanctionna aux applaudissements de la France entière.

La seconde, qui commença en 91 pour finir au 18 brumaire, et ne se signala que par les plus épouvantables excès, fut exclusivement l'œuvre des flatteurs du peuple, de ceux qui en avaient déchaîné les fureurs pour satisfaire leur ambition.

Ainsi le rôle de la royauté légitime a été de prendre par la main la France épuisée et morcelée pour la relever, la reconstituer dans son unité première et la conduire, de siècle en siècle, en ajoutant successivement à ses lumières, à sa puissance, à sa gloire, jusqu'à ce que, parvenue à son apogée, elle n'eût plus qu'une grande réforme à désirer, celle qui devait réunir en une seule classe toutes les classes de la nation : or, cette dernière réforme, la royauté sut encore l'accomplir.

X.

Nos souverains légitimes ont été constamment fidèles à leur principe, à leur mission providentielle. Leurs ennemis n'ont pu leur enlever la confiance et l'amour de la France, qu'en calomniant leurs intentions et leurs actes, qu'en abusant de l'ignorance et de la crédulité des masses.

C'est cette confiance et cet amour qu'il faut rendre au dernier rejeton de leur race ; ce sont ces calomnies qu'il faut détruire et cette ignorance qu'il faut dissiper.

Telle est aujourd'hui la tâche des partisans de la royauté légitime.

Pour éclairer les masses nous avons, à la fois, la parole et la presse, la tribune, les conférences et les cours publics, les journaux et les livres ; et, pour ramener au roi légitime la confiance publique, nous avons surtout les éminentes qualités qui le distinguent, les généreuses intentions qui l'animent et le glorieux passé de sa race.

Ce qui caractérise la monarchie des Bourbons, c'est d'avoir toujours su se mettre en rapport avec les circonstances et répondre aux besoins du temps. Loin de renier les principes de 89, le comte de Chambord peut les considérer, à juste titre, comme faisant partie de l'héritage de ses ancêtres. Après avoir été proclamés sous Louis XVI, ces principes n'ont-ils pas été tous consacrés dans la charte de Louis XVIII, la première constitution libérale sous laquelle nous ayons vécu, depuis le commencement du siècle ?

Qui aurait le droit de supposer que l'héritier des Bourbons soit aujourd'hui animé d'un autre esprit que ses aïeux ? N'a-t-il pas, d'ailleurs, en maintes occasions, manifesté son amour du progrès et ses sympathies populaires ? N'a-t-il pas donné son assentiment au manifeste que deux cents députés de la droite ont cru devoir publier, l'année dernière, en réponse aux calomnies de ceux qui s'obstinent à ne voir dans le rétablissement de la royauté légitime que le retour à l'ancien régime ?

« Nous considérons, disent les signataires de ce manifeste, la monarchie comme le gouvernement naturel de notre pays, et, par *monarchie*, nous entendons la monarchie traditionnelle et héréditaire. Elle a fait la France, elle lui a donné, pendant des siècles, la stabilité, la grandeur ; en 1789, elle allait elle-même au devant des réformes ; en 1814 elle fondait la liberté, en même temps qu'elle sauvegardait l'intégrité du territoire. Voilà ce que nous devons à la monarchie, voilà quels souvenirs et quelles espérances nous animent quand nous poursuivons l'union dans le parti conservateur...

« La monarchie héréditaire, représentative, constitutionnelle, assure au pays, avec son droit d'intervention dans la gestion de ses affaires et sous la garantie de la responsabilité ministérielle, toutes les libertés nécessaires : libertés politiques, civiles, religieuses ; l'égalité devant la loi, le libre accès de tous à tous les emplois, à tous les honneurs, à tous les avantages sociaux ; l'amélioration pacifique et continue de la condition des classes ouvrières.

« Cette monarchie est celle que nous voulons.

« Respectant, d'ailleurs, notre pays autant que nous l'aimons, nous n'attendons rien que du vœu de la nation librement exprimé par ses mandataires. »

Est-ce que ce programme ne répond pas aux exigences les plus libérales de notre époque, et peut-on y voir rien qui rappelle le régime de la féodalité ?

XI.

Tels sont les principes politiques du Prince. Quant à son patriotisme, il est sans bornes. Si les hommes du 4 Septembre n'ont pas permis au comte de Chambord d'être, de sa personne, sur le sol français pour le défendre, il y était du moins par sa pensée et par ses fidèles, qui ont donné à tous l'exemple de la bravoure et du dévouement.

« Je n'ai cessé, écrivait le Prince au brave Cathelinau, le « 15 mars 1871, dans ces jours de luttes héroïques, d'être par « la pensée et par le cœur avec vous et avec vos braves com- « pagnons d'armes. Je tiens à vous remercier moi-même des « services que vous avez rendus à la France, en défendant « avec tant d'énergie et de dévouement son sol envahi. »

Comme son cœur de Français a dû saigner en apprenant les horreurs de la Commune ! Mais aussi, avec quelle effusion il sait féliciter l'armée et son chef illustre, qui ont mis fin à cette sanglante tragédie !

Il faudrait lire toute la lettre du Prince, du 6 juin 1871, à M. de Carayon-Latour.

« Je vous remercie, mon cher Carayon, des détails si com-
« plets que vous me donnez sur les événements qui viennent
« de s'accomplir. Ils sont la honte de l'humanité et feront
« l'étonnement de l'histoire. Le cœur se brise au récit de
« pareils attentats. Paris, voyant revenir, après quatre-vingts
« ans, les plus mauvais jours de la Terreur, subissant,
« pendant deux mois, le joug le plus odieux ; Paris menacé
« d'une destruction totale par des incendiaires plus spéciale-
« ment acharnés contre ces incomparables monuments que
« l'Europe nous envie ; voilà bien de quoi confondre toutes les
« prévisions humaines. Mais, quelle admirable attitude que
« celle de nos officiers et de nos soldats ! Quelle abnégation,
« quelle bravoure dans l'accomplissement de leur doulou-
« reuse mission ! Retrempée dans l'esprit de discipline, l'ar-
« mée est aussitôt rentrée en possession de toutes les
« vertus militaires. Il n'est donné qu'au soldat français de
« se relever si vite et si bien.

« La Providence devait une revanche à l'homme qui repré-
« sente si complétement en France l'honneur militaire. Il a
« suffi à Mac Mahon de quelques semaines pour reconsti-
« tuer une armée digne de lui et de la grande cause qu'il
« allait servir. Il a su inspirer à ses troupes ce sang-froid,
« cet élan, cette énergie, ce sentiment du devoir qui seuls
« pouvaient lui fournir les moyens de venger la civilisa-
« tion et de sauver la France. »

XII.

Il n'est pas moins important de rappeler ici l'opinion du
comte de Chambord sur les gouvernements de hasard, de
ruse, de compromis, qu'on essaye, depuis trois ans, d'im-
planter en France. Voici en quels termes il les juge,
dans sa lettre du 15 octobre 1872 à M. de La Rochette :

« Je n'hésite pas, mon cher La Rochette, à répondre fran-
« chement aux questions que vous me posez.

« La France serait sauvée et nous la verrions sortir de ses
« ruines plus forte et plus grande que jamais, si l'on voulait
« comprendre enfin quelles sont les véritables conditions du
« salut.

« Le pays est las des agitations. Un secret instinct lui dit
« que la monarchie traditionnelle lui rendrait le repos auquel
« il aspire ; et c'est ce que la révolution veut empêcher à
« tout prix. Aussi redouble-t-elle d'efforts pour le séduire
« et l'égarer.

« ...Je proteste contre l'établissement d'un état de choses
« destiné à prolonger la série de nos malheurs.

« Il est impossible de s'y méprendre. La proclamation de
« la République en France a toujours été et serait encore
« le point de départ de l'anarchie sociale, le champ ouvert à
« toutes les convoitises, à toutes les utopies, et vous ne pou-
« vez, sous aucun prétexte, vous associer à cette funeste
« entreprise....

« En vain essayerait-on d'établir une distinction rassurante
« entre ce parti de la violence, qui promet la paix aux hommes
« en déclarant la guerre à Dieu, et le parti plus prudent, mieux
« discipliné, arrivant à ses fins par des voies détournées, mais
« atteignant le même but....

« Conserver l'illusion d'une République honnête et modé-
« rée, après les sanglantes journées de juin 1848 et les actes
« sauvages de la seconde Terreur, si meurtrières toutes deux
« pour notre brave armée, n'est-ce pas oublier trop vite les
« avertissements de la Providence et traiter les leçons de l'ex-
« périence avec trop de dédain ?

« C'est au moment où la France se relève, en s'affirmant
« par un grand acte de foi, qu'on prétendrait lui imposer le
« gouvernement le plus menaçant pour ses libertés religieuses ?

« C'est quand la nécessité des alliances se fait si impérieu-
« sement sentir, qu'on rendrait toute alliance impossible, et
« qu'on se condamnerait soi-même à un isolement fatal !

« Non, cela ne sera pas.

« La République inquiète les intérêts autant que les con-
« sciences. Elle ne peut être qu'un provisoire plus ou moins
« prolongé. La monarchie seule peut donner la vraie liberté, et
« n'a pas besoin de se dire *conservatrice* pour rassurer les
« honnêtes gens.

« C'est à ces derniers surtout que je voudrais rendre la
« conscience de leur force.

« Le peuple d'autrefois avait coutume de s'écrier : « Ah ! si
« le roi le savait ! » Comme il serait juste de dire aujourd'hui :
« Ah ! si les hommes de bien voulaient !

« Combattons sans relâche les défaillances des uns, la
« timide condescendance des autres. A la politique des fictions
« et des mensonges opposons partout et toujours notre politique
« à ciel ouvert. »

Impossible d'exprimer des idées plus justes dans un plus
beau langage.

Ces citations qui constatent, d'une part, les principes politiques du Prince, de l'autre, l'ardeur patriotique qui remplit
son cœur, n'apprennent, sans doute, rien à ceux qui ont le
bonheur de le connaître ; malheureusement, la masse de la
nation ne le connaît pas ; autrement, laisserait-elle plus long-
temps dans l'exil le seul de ses enfants qui puisse lui apporter
le salut dans le présent et dans l'avenir ?

Mais pour mettre en lumière les royales qualités du Prince, la
sagesse de ses doctrines, les services rendus par ses ancêtres,
pour le replacer enfin sur ce trône qui l'attend, ses amis ne

doivent plus se borner à des vœux stériles, ni à ces petits moyens qui n'aboutissent à aucun résultat. Le temps des amours platoniques est passé.

« La foi qui n'agit pas, est-ce une foi sincère? »

Les autres partis, surtout celui de la Révolution, nous donnent un exemple dont nous ne saurions trop profiter. Voyez à quelle puissante propagande ils se livrent! Pas un atelier, pas un village qui n'ait son comité, ses orateurs plus ou moins éloquents, ses journaux prêchant chaque jour les mêmes doctrines, surexcitant les mêmes passions! Pourquoi les amis dévoués de la vérité et des grands intérêts de la France n'en feraient-ils pas autant? Le céderaient-ils à leurs adversaires en intelligence, en résolution, en ressources? Ce serait leur faire injure que de le supposer.

Qui nous empêche de nous organiser aussi en un comité central et de créér dans toutes les provinces d'abord, puis, sur tous les points du pays, des comités locaux correspondant avec celui du centre qui leur donnerait l'impulsion?

Les hommes d'influence et de cœur ne manquent pas. Nous en avons partout qui ne demandent que de se mettre corps et âme au service d'une aussi noble cause. Que le comité central leur fasse appel, et bientôt, le parti légitimiste aura couvert la France d'un immense réseau dont personne ne peut aujourd'hui calculer la puissance.

C'est par l'organisation du comité central et des comités locaux qu'il faut commencer ; les conférences et les cours publics viendront ensuite. Mais le plus puissant moyen d'action c'est la presse, ce sont les journaux et les livres ; non les grands et graves journaux à 15 centimes, qui n'ont, depuis vingt ans, malgré leur talent, que les mêmes lecteurs, et que les masses ne connaissent pas ; mais de petits journaux à un sou, même à moins, même distribués gratis, si c'est possible.

Ces petites feuilles, rédigées avec esprit, pleines de faits, d'anecdoctes piquantes, d'historiettes amusantes et variées, de ces choses qui attirent le peuple et qui le charment, tout en l'instruisant, l'amèneront peu à peu à reconnaître la vérité qu'on lui avait si obstinément défigurée.

Ce ne sont pas non plus les gros livres qu'il faut au peuple. Les volumineux récits historiques, où des écrivains animés des meilleures intentions, mais n'ayant ni le tact politique ni le sentiment des besoins des masses, ne leur offrent qu'une nourriture indigeste. On ne doit même pas abuser de ces petits livres où les idées religieuses et légitimistes dominent, où les miracles les plus récents occupent la première place et qui ne peuvent être lus que par les croyants.

Quel effet peut-on espérer de pareilles productions sur l'esprit de cette multitude de travailleurs qui sont arrivés à ne plus croire à rien? Les intelligences sont comme les estomacs : elles ne recherchent et ne digèrent qu'une nourriture en rapport avec leurs habitudes et leurs dispositions.

Des histoires de France, des biographies bien faites et pas trop longues, spirituellement et impartialement écrites, où tout ce qui touche à la gloire du pays et aux intérêts des classes laborieuses serait habilement mis en lumière : tels sont les livres qu'il faut surtout répandre.

N'oublions pas non plus que, dans les aspirations de la démocratie, il en est de fort légitimes, et que la plus grande faute de notre parti serait de les combattre ou de les écarter.

Comment l'Empire est-il devenu si populaire, si ce n'est en épousant la cause des masses, en travaillant à l'amélioration de leur sort ?

Et pourquoi les démagogues actuels ont-ils encore, malgré leurs mensonges, conservé tant d'influence sur elles? n'est-ce pas uniquement parce qu'ils continuent de les bercer de fausses espérances ?

Mentir aux classes laborieuses, serait indigne de nous ; mais étudier les causes de leurs souffrances et nous appliquer à les soulager ; répondre à leurs préventions, à leurs erreurs, par un redoublement de bienfaits , tel est le rôle qui convient éminemment à notre parti, rôle que les femmes sont encore plus aptes à jouer que les hommes, et qu'elles n'ont jamais eu occasion de remplir avec plus d'opportunité et d'efficacité qu'en ce moment.

Nous ne doutons pas qu'elles ne saisissent avec empressement l'occasion de s'associer à une cause si belle et si digne de leur cœur.

XVI.

Mais pour réaliser tout cela, il faut deux choses : du zèle et de l'argent.

Dieu merci, ni l'argent ni le zèle ne manquent à notre parti. Pour les mettre en œuvre, il n'a qu'à vouloir. Voudrat-il ? Ce serait lui faire injure que d'en douter. Seulement nous le prévenons que jamais les circonstances n'ont été plus favorables et qu'il n'y a pas un instant à perdre pour en profiter.

L'acte de vigueur du 24 mai, par lequel la majorité de la Chambre a enfin remplacé un sinistre prestidigitateur par une illustre et loyale épée qui rend la France maîtresse de son avenir, cet acte n'est pas encore le salut, mais c'est la condition sans laquelle le salut eût été impossible.

Le provisoire, quelque confiance qu'il inspire, ne saurait durer.

Avant six mois, si toutefois la stagnation des affaires et l'impatience du caractère français nous permettent d'aller jusquelà, il faudra de toute nécessité replacer la nation sous un gouvernement définitif.

Tous les partis se préparent à profiter de cette échéance. Chacun d'eux travaille à s'assurer la majorité des électeurs, soit qu'il s'agisse de remplacer l'Assemblée actuelle par une Constituante, soit que la nation doive décider par un plébiscite sous quel Gouvernement elle veut vivre.

Si le suffrage universel eût été consulté avant la chute de M. Thiers, nul doute que le parti démagogique ne l'eût emporté. Aujourd'hui, les conservateurs ont déjà reconquis une partie de leur influence, et, s'ils sont assez sages pour rester unis jusqu'à la fin, le triomphe du gouvernement monarchique est assuré.

XV.

Mais quelle monarchie sortira des vœux de la France? On en compte trois en présence : l'Empire, l'Orléanisme et la Royauté légitime.

Si le pays ne consultait que son bon sens, ses devoirs, ses vrais intérêts, la royauté légitime serait rappelée par une acclamation universelle. Mais il faut compter, d'une part, avec les préjugés et les sympathies des masses ; de l'autre, avec les intrigues et l'or du parti qui n'est jamais arrivé au pouvoir que par ces indignes moyens.

Cependant le triomphe de l'Orléanisme n'est pas à craindre. Si une Assemblée s'arrogeait le droit, comme en 1830, de décerner la couronne, peut-être ce parti serait-il assez habile et assez riche pour l'acheter ; mais les fils de Louis-Philippe, sans parler des tristes souvenirs de leur race, ont tellement révolté le sentiment national, en profitant de l'épuisement de la France pour lui redemander les millions que leur père lui avait déjà soustraits, qu'ils sont aujourd'hui l'objet d'une répulsion universelle. Une telle rapacité, dans un pareil moment, a mis le comble à leur indignité.

Reste l'Empire dont il serait peu sage de nous dissimuler les chances.

Autant il était tombé dans l'opinion après la journée de Sedan, autant il s'est relevé depuis que la France a vu à l'œuvre ceux qui l'avaient renversé. Les désastres et les hontes qu'ils ont accumulés en quelques mois d'une dictature sans nom ont rappelé aux masses les prospérités du second Empire ainsi que les gloires du premier, et le jeune héritier des Napoléons voit chaque jour l'opinion publique lui revenir.

Ses partisans, il est vrai, ne s'endorment pas; ils se concertent, ils parlent, ils écrivent, ils répandent à profusion dans le pays des brochures pour réfuter les calomnies contre les deux Empereurs et en réveiller les souvenirs populaires; ils nous donnent, enfin, un exemple qu'il faut nous empresser de suivre, si nous voulons arriver aux mêmes résultats.

XVI.

Notre tàche n'est pas, à beaucoup près, aussi difficile que la leur. Si le souvenir des grandes et glorieuses choses accomplies par les deux Empires, et que nous nous garderons de contester ou d'amoindrir, est plus récent que celui des gloires et des bienfaïts de nos anciens rois, ceux-ci ont laissé à leur rejeton un si magnifique héritage, qu'aucun prince de l'univers ne saurait se vanter d'en avoir un pareil; et ce qui, sous ce rapport, le place bien au-dessus de l'héritier des Napoléons, c'est que ses ancêtres, qui avaient trouvé la France pauvre et morcelée, l'ont laissée riche et grande, tandis qu'elle n'est sortie des deux Empires qu'épuisée et amoindrie.

Au reste, Napoléon III rendait justice au représentant de la royauté légitime. Dans une conversation à Chislehurst, il disait à quelqu'un qui nous l'a répété : « La République ne s'établira jamais en France; l'instinct national la repousse. Il n'y a que deux gouvernements possibles : la monarchie traditionnelle, qui a pour elle la consécration des siècles, et la monarchie des Napoléons, qui a été plusieurs fois consacrée par le vote presque unanime de la France. Toutes deux peuvent

rendre au pays sa grandeur et sa prospérité. C'est à lui de
décider. Je ne crois pas que les masses se prononcent pour
le rétablissement de la vieille royauté ; cependant, si la nation,
librement consultée, rappelait Henri V, je serais le premier
à m'incliner devant son pouvoir. »

Henri V ne saurait tenir le même langage à l'égard de
l'Empire. S'il ne peut remonter sur son trône contre la volonté nationale, ses droits ne dépendent plus d'un vote populaire.

Mais il n'est pas interdit à ses amis de prévoir l'avenir et
de se poser cette question : Si, après la restauration du dernier roi de France, la Providence ne permettait pas qu'il nous
laissât un héritier de son sang, est-ce que le règne de la troi-
sième dynastie ne serait pas fini ? Est-ce qu'une quatrième
dynastie qui reprendrait, pour les continuer, les traditions
nationales et catholiques des Bourbons n'aurait pas droit de
se mettre en ligne et de rallier autour d'elle ceux qui seraient
restés, jusqu'à la fin, les fidèles serviteurs de la royauté légitime ?

Évidemment la volonté nationale en déciderait.

XVII.

Nous n'insisterons pas sur les avantages qui résulteraient
pour la France de la restauration du Prince en qui nous mettons
notre espoir. Tous ceux qui ont eu le bonheur de l'approcher
savent qu'il est digne, en tout point, et de la gloire de sa
race et des hautes destinées qui l'attendent. La Nation peut
le méconnaître ; elle peut préférer à l'héritier de la monarchie
légitime celui d'une monarchie révolutionnaire, et tous nos
efforts pour assurer le triomphe du droit et des grands intérêts du pays peuvent être vains ; mais nous aurons du moins
la consolation de n'avoir rien à nous reprocher.

« Fais ce que dois, advienne que pourra. »

Paris, Imprimerie Paul Dupont, 41, rue J.-J.-Rousseau (2435.7.3.)